Tucholsky   Wagner   Zola   Scott   Sydow   Schlegel
Turgenev   Wallace   Fonatne   Freud

Twain   Walther von der Vogelweide   Fouqué   Friedrich II. von Preußen
Weber   Freiligrath   Frey

Fechner   Fichte   Weiße Rose   von Fallersleben   Kant   Ernst   Frommel
Richthofen

Hölderlin

Engels   Fielding   Eichendorff   Tacitus   Dumas
Fehrs   Faber   Flaubert
Eliasberg   Ebner Eschenbach
Feuerbach   Maximilian I. von Habsburg   Fock   Zweig
Ewald   Eliot   Vergil

Goethe   Elisabeth von Österreich   London

Mendelssohn   Balzac   Shakespeare   Dostojewski   Ganghofer
Lichtenberg   Rathenau   Doyle   Gjellerup
Trackl   Stevenson
Mommsen   Tolstoi   Hambruch
Thoma   Lenz   Hanrieder   Droste-Hülshoff

von Arnim
Dach   Verne   Hägele   Hauff   Humboldt
Karrillon   Reuter   Rousseau   Hagen   Hauptmann   Gautier
Garschin

Defoe   Baudelaire
Damaschke   Descartes   Hebbel

Hegel   Kussmaul   Herder
Wolfram von Eschenbach   Dickens   Schopenhauer   Rilke   George
Bronner   Darwin   Melville   Grimm   Jerome
Campe   Horváth   Aristoteles   Bebel   Proust

Bismarck   Vigny   Barlach   Voltaire   Federer   Herodot
Gengenbach   Heine

Storm   Casanova   Tersteegen   Grillparzer   Georgy
Chamberlain   Lessing   Langbein   Gilm
Brentano   Lafontaine   Gryphius
Strachwitz   Claudius   Schiller
Katharina II. von Rußland   Schilling   Kralik   Iffland   Sokrates
Bellamy
Gerstäcker   Raabe   Gibbon   Tschechow

Löns   Hesse   Hoffmann   Gogol   Wilde   Vulpius
Luther   Heym   Hofmannsthal   Gleim
Klee   Hölty   Morgenstern   Goedicke
Roth   Heyse   Klopstock   Kleist
Luxemburg   Puschkin   Homer   Mörike   Musil
Machiavelli   La Roche   Horaz
Kierkegaard   Kraft   Kraus
Navarra   Aurel   Musset
Lamprecht   Kind   Kirchhoff   Hugo   Moltke
Nestroy   Marie de France

Laotse   Ipsen   Liebknecht
Nietzsche   Nansen
Marx   Ringelnatz
Lassalle   Gorki   Klett   Leibniz
von Ossietzky   May
vom Stein   Lawrence   Irving

Petalozzi   Platon   Knigge
Pückler   Michelangelo   Kafka
Sachs   Poe   Kock
Liebermann
de Sade   Praetorius   Mistral   Zetkin   Korolenko

Fabeln. Drei Bücher

Gotthold Ephraim Lessing

Impressum

Autor: Gotthold Ephraim Lessing
Umschlagkonzept: toepferschumann, Berlin

Verlag: tradition GmbH, Hamburg
ISBN: 978-3-8424-1400-6
Printed in Germany

Gotthold Ephraim Lessings
Fabeln.

Drey Bücher.

Nebst Abhandlungen mit dieser Dichtungsart
verwandten Inhalts.

Berlin,
bey Christian Friedrich Voß 1759.

Vorrede

Ich warf, vor Jahr und Tag, einen kritischen Blick auf meine Schriften. Ich hatte ihrer lange genug vergessen, um sie völlig als fremde Geburten betrachten zu können. Ich fand, daß man noch lange nicht so viel Böses davon gesagt habe, als man wohl sagen könnte, und beschloß, in dem ersten Unwillen, sie ganz zu verwerfen.

Viel Überwindung hätte mich die Ausführung dieses Entschlusses gewiß nicht gekostet. Ich hatte meine Schriften nie der Mühe wertgeachtet, sie gegen irgend jemanden zu verteidigen; so ein leichtes und gutes Spiel mir auch oft der allzuelende Angriff dieser und jener würde gemacht haben. Dazu kam noch das Gefühl, daß ich itzt meine jugendlichen Vergehungen durch bessere Dinge gutmachen und endlich wohl gar in Vergessenheit bringen könnte.

Doch indem fielen mir so viel freundschaftliche Leser ein. – Soll ich selbst Gelegenheit geben, daß man ihnen vorwerfen kann, ihren Beifall an etwas *ganz* Unwürdiges verschwendet zu haben? Ihre nachsichtsvolle Aufmunterung erwartet von mir ein anderes Betragen. Sie erwartet, und sie verdienet, daß ich mich bestrebe, sie, wenigstens nach der Hand, recht haben zu lassen; daß ich so viel Gutes nunmehr wirklich in meine Schriften so glücklich hineinlege, daß sie es in voraus darin bemerkt zu haben scheinen können. – Und so nahm ich mir vor, was ich erst *verwerfen* wollte, lieber soviel als möglich zu *verbessern*. – Welche Arbeit! –

Ich hatte mich bei keiner Gattung von Gedichten länger verweilet als bei der *Fabel*. Es gefiel mir auf diesem gemeinschaftlichen Raine der Poesie und Moral. Ich hatte die alten und neuen Fabulisten so ziemlich alle, und die besten von ihnen mehr als einmal, gelesen. Ich hatte über die Theorie der Fabel nachgedacht. Ich hatte mich oft gewundert, daß die gerade auf die Wahrheit führende Bahn des *Aesopus*, von den Neuern, für die blumenreichern Abwege der schwatzhaften Gabe zu erzählen, so sehr verlassen werde. Ich hatte eine Menge Versuche in der einfältigen Art des alten *Phrygiers* gemacht. – Kurz, ich glaubte mich in diesem Fache so reich, daß ich vors erste meinen Fabeln, mit leichter Mühe, eine neue Gestalt geben könnte.

Ich griff zum Werke. – Wie sehr ich mich aber wegen der leichten Mühe geirret hatte, das weiß ich selbst am besten. Anmerkungen, die man während dem Studieren macht und nur aus Mißtrauen in sein Gedächtnis auf das Papier wirft; Gedanken, die man sich nur zu *haben* begnügt, ohne ihnen durch den Ausdruck die nötige Präzision zu geben; Versuchen, die man nur zu seiner Übung waget, – – fehlet noch sehr viel zu einem *Buche*. Was nun endlich für eines daraus geworden; – hier ist es!

Man wird nicht mehr als sechse von meinen alten Fabeln darin finden; die sechs prosaischen nämlich, die mir der Erhaltung am wenigsten unwert schienen. Die übrigen gereimten mögen auf eine andere Stelle warten. Wenn es nicht gar zu sonderbar gelassen hätte, so würde ich sie in Prosa aufgelöset haben.

Ohne übrigens eigentlich den Gesichtspunkt, aus welchem ich am liebsten betrachtet zu sein wünschte, vorzuschreiben, ersuche ich bloß meinen Leser, die *Fabeln* nicht ohne die zu beurteilen. Denn ob ich gleich weder diese jenen noch jene diesen zum Besten geschrieben habe; so entlehnen doch beide als Dinge, die zu *einer* Zeit in *einem* Kopfe entsprungen, allzuviel voneinander, als daß sie einzeln und abgesondert noch ebendieselben bleiben könnten. Sollte er auch schon dabei entdecken, daß meine Regeln mit meiner Ausübung nicht allezeit übereinstimmen: was ist es mehr? Er weiß von selbst, daß das Genie seinen Eigensinn hat; daß es den Regeln selten mit Vorsatz folget und daß diese seine wollüstigen Auswüchse zwar *beschneiden*, aber nicht *hemmen* sollen. Er prüfe also in den Fabeln *seinen* Geschmack und in den Abhandlungen *meine* Gründe. –

Ich wäre willens, mit allen übrigen Abteilungen meiner Schriften, nach und nach, auf gleiche Weise zu verfahren. An Vorrat würde es mir auch nicht fehlen, den unnützen Abgang dabei zu ersetzen. Aber an Zeit, an Ruhe – – Nichts weiter! Dieses *Aber* gehöret in keine Vorrede; und das Publikum danket es selten einem Schriftsteller, wenn er es auch in solchen Dingen zu seinem Vertrauten zu machen gedenkt. – Solange der Virtuose Anschläge fasset, Ideen sammlet, wählet, ordnet, in Plane verteilet: so lange genießt er die sich selbst belohnenden Wollüste der Empfängnis. Aber sobald er einen Schritt weiter gehet und Hand anleget, seine Schöpfung auch außer sich darzustellen: sogleich fangen die Schmerzen der Geburt an, welchen er sich selten ohne alle Aufmunterung unterziehet. –

Eine Vorrede sollte nichts enthalten als die Geschichte des Buchs. Die Geschichte des meinigen war bald erzählt, und ich müßte hier schließen. Allein, da ich die Gelegenheit mit meinen Lesern zu sprechen, so selten ergreife, so erlaube man mir, sie einmal zu mißbrauchen. – Ich bin gezwungen, mich über einen bekannten Skribenten zu beklagen. Herr *Dusch* hat mich durch seine bevollmächtigten Freunde, seit geraumer Zeit, auf eine sehr nichtswürdige Art mißhandeln lassen. Ich meine mich, den Menschen; denn daß es seiner siegreichen Kritik gefallen hat, mich, den Schriftsteller, in die Pfanne zu hauen, das würde ich mit keinem Worte rügen. Die Ursache seiner Erbitterung sind verschiedene Kritiken, die man in der *Bibliothek der schönen Wissenschaften* und in den *Briefen die neueste Litteratur betreffend* über seine Werke gemacht hat und er auf meine Rechnung schreibet. Ich habe ihn schon öffentlich von dem Gegenteile versichern lassen; die Verfasser der Bibliothek sind auch nunmehr genugsam bekannt; und wenn diese, wie er selbst behauptet, zugleich die Verfasser der Briefe sind: so kann ich gar nicht begreifen, warum er seinen Zorn an *mir* ausläßt. Vielleicht aber *muß* ein ehrlicher Mann, wie er, wenn es ihn nicht töten soll, sich seiner Galle gegen einen Unschuldigen entladen; und in diesem Falle stehe ich seiner Kunstrichterei und dem Aberwitze seiner Freunde und seiner Freundinnen gar gern noch ferner zu Diensten und widerrufe meine Klage.

Erstes Buch

1. Die Erscheinung

In der einsamsten Tiefe jenes Waldes, wo ich schon manches redende Tier belauscht, lag ich an einem sanften Wasserfalle und war bemüht, einem meiner Märchen den leichten poetischen Schmuck zu geben, in welchem am liebsten zu erscheinen, *La Fontaine* die Fabel fast verwöhnt hat. Ich sann, ich wählte, ich verwarf, die Stirne glühte – – Umsonst, es kam nichts auf das Blatt. Voll Unwill sprang ich auf; aber sieh! – auf einmal stand sie selbst, die fabelnde Muse vor mir.

Und sie sprach lächelnd: Schüler, wozu diese undankbare Mühe? Die Wahrheit braucht die Anmut der Fabel; aber wozu braucht die Fabel die Anmut der Harmonie? Du willst das Gewürze würzen. Gnug, wenn die Erfindung des Dichters ist; der Vortrag sei des ungekünstelten Geschichtschreibers, so wie der Sinn des Weltweisen.

Ich wollte antworten, aber die Muse verschwand. »Sie verschwand?« höre ich einen Leser fragen. »Wenn du uns doch nur wahrscheinlicher täuschen wolltest! Die seichten Schlüsse, auf die dein Unvermögen dich führte, der Muse in den Mund zu legen! Zwar ein gewöhnlicher Betrug –«

Vortrefflich, mein Leser! Mir ist keine Muse erschienen. Ich erzählte eine bloße Fabel, aus der du selbst die Lehre gezogen. Ich bin nicht der erste und werde nicht der letzte sein, der seine Grillen zu Orakelsprüchen einer göttlichen Erscheinung macht.

2. Der Hamster und die Ameise

Ihr armseligen Ameisen, sagte ein Hamster. Verlohnt es sich der Mühe, daß ihr den ganzen Sommer arbeitet, um ein so weniges einzusammeln? Wenn ihr meinen Vorrat sehen solltet! – –

Höre, antwortete eine Ameise, wenn er größer ist, als du ihn brauchst, so ist es schon recht, daß die Menschen dir nachgraben, deine Scheuren ausleeren und dich deinen räubrischen Geiz mit dem Leben büßen lassen!

3. Der Löwe und der Hase

Aelianus de natura animalium libr. I. cap. 38. Ορρωδει ο ελεφας κεραστην κριον και χοιρου βοην. Idem lib. III. cap. 31. Αλεκτρυονα φοβειται ο λεων.

Ein Löwe würdigte einen drolligten Hasen seiner nähern Bekanntschaft. Aber ist es denn wahr, fragte ihn einst der Hase, daß euch Löwen ein elender krähender Hahn so leicht verjagen kann?

Allerdings ist es wahr, antwortete der Löwe; und es ist eine allgemeine Anmerkung, daß wir große Tiere durchgängig eine gewisse kleine Schwachheit an uns haben. So wirst du, zum Exempel, von dem Elefanten gehört haben, daß ihm das Grunzen eines Schweins Schauder und Entsetzen erwecket. –

Wahrhaftig? unterbrach ihn der Hase. Ja, nun begreif ich auch, warum wir Hasen uns so entsetzlich vor den Hunden fürchten.

4. Der Esel und das Jagdpferd

Ein Esel vermaß sich, mit einem Jagdpferde um die Wette zu laufen. Die Probe fiel erbärmlich aus, und der Esel ward ausgelacht. Ich merke nun wohl, sagte der Esel, woran es gelegen hat; ich trat mir vor einigen Monaten einen Dorn in den Fuß, und der schmerzt mich noch.

Entschuldigen Sie mich, sagte der Kanzelredner *Liederhold*, wenn meine heutige Predigt so gründlich und erbaulich nicht gewesen, als man sie von dem glücklichen Nachahmer eines *Mosheims* erwartet hätte; ich habe, wie Sie hören, einen heisern Hals, und den schon seit acht Tagen.

5. Zeus und das Pferd

Καμηλον ως δεδοικεν ιππος, εγνω Κυρος τε και Κροισος. Aelianus
de nat. an. lib. III. cap. 7.

Vater der Tiere und Menschen, so sprach das Pferd und nahte sich dem Throne des Zeus, man will, ich sei eines der schönsten Geschöpfe, womit du die Welt gezieret, und meine Eigenliebe heißt mich es glauben. Aber sollte gleichwohl nicht noch verschiedenes an mir zu bessern sein? –

Und was meinst du denn, daß an dir zu bessern sei? Rede, ich nehme Lehre an: sprach der gute Gott und lächelte.

Vielleicht, sprach das Pferd weiter, würde ich flüchtiger sein, wenn meine Beine höher und schmächtiger wären; ein langer Schwanenhals würde mich nicht verstellen; eine breitere Brust würde meine Stärke vermehren; und da du mich doch einmal bestimmt hast, deinen Liebling, den Menschen zu tragen, so könnte mir ja wohl der Sattel anerschaffen sein, den mir der wohltätige Reiter auflegt.

Gut, versetzte Zeus; gedulde dich einen Augenblick! Zeus, mit ernstem Gesichte, sprach das Wort der Schöpfung. Da quoll Leben in den Staub, da verband sich organisierter Stoff; und plötzlich stand vor dem Throne – das häßliche *Kamel.*

Das Pferd sah, schauderte und zitterte vor entsetzendem Abscheu.

Hier sind höhere und schmächtigere Beine, sprach Zeus; hier ist ein langer Schwanenhals; hier ist eine breitere Brust; hier ist der anerschaffene Sattel! Willst du, Pferd, daß ich dich so umbilden soll?

Das Pferd zitterte noch.

Geh, fuhr Zeus fort; diesesmal sei belehrt, ohne bestraft zu werden. Dich deiner Vermessenheit aber dann und wann reuend zu erinnern, so daure du fort, neues Geschöpf – Zeus warf einen erhaltenden Blick auf das *Kamel* – – und das Pferd erblicke dich nie, ohne zu schaudern.

6. Der Affe und der Fuchs

Nenne mir ein so geschicktes Tier, dem ich nicht nachahmen könnte! so prahlte der Affe gegen den Fuchs. Der Fuchs aber erwiderte: Und du, nenne mir ein so geringschätziges Tier, dem es einfallen könnte, dir nachzuahmen.

Schriftsteller meiner Nation! – – Muß ich mich noch deutlicher erklären?

7. Die Nachtigall und der Pfau

Eine gesellige Nachtigall fand, unter den Sängern des Waldes, Neider die Menge, aber keinen Freund. Vielleicht finde ich ihn unter einer andern Gattung, dachte sie und floh vertraulich zu dem Pfaue herab.

Schöner Pfau! ich bewundere dich. – – »Ich dich auch, liebliche Nachtigall!« – So laß uns Freunde sein, sprach die Nachtigall weiter; wir werden uns nicht beneiden dürfen; du bist dem Auge so angenehm als ich dem Ohre.

Die Nachtigall und der Pfau wurden Freunde.

Kneller und *Pope* waren bessere Freunde als *Pope* und *Addison*.

8. Der Wolf und der Schäfer

Ein Schäfer hatte durch eine grausame Seuche seine ganze Herde verloren. Das erfuhr der Wolf und kam, seine Kondolenz abzustatten.

Schäfer, sprach er, ist es wahr, daß dich ein so grausames Unglück betroffen? Du bist um deine ganze Herde gekommen? Die liebe, fromme, fette Herde! Du dauerst mich, und ich möchte blutige Tränen weinen.

Habe Dank, Meister Isegrim, versetzte der Schäfer. Ich sehe, du hast ein sehr mitleidiges Herz.

Das hat er auch wirklich, fügte des Schäfers Hylax hinzu, sooft er unter dem Unglücke seines Nächsten selbst leidet.

9. Das Roß und der Stier

Auf einem feurigen Rosse floh stolz ein dreuster Knabe daher. Da rief ein wilder Stier dem Rosse zu: Schande! von einem Knaben ließ ich mich nicht regieren!

Aber ich, versetzte das Roß. Denn was für Ehre könnte es mir bringen, einen Knaben abzuwerfen?

10. Die Grille und die Nachtigall

Ich versichre dich, sagte die Grille zu der Nachtigall, daß es meinem Gesange gar nicht an Bewundrern fehlt. – Nenne mir sie doch, sprach die Nachtigall. – Die arbeitsamen Schnitter, versetzte die Grille, hören mich mit vielem Vergnügen, und daß dieses die nützlichsten Leute in der menschlichen Republik sind, das wirst du doch nicht leugnen wollen?

Das will ich nicht leugnen, sagte die Nachtigall, aber deswegen darfst du auf ihren Beifall nicht stolz sein. Ehrlichen Leuten, die alle ihre Gedanken bei der Arbeit haben, müssen ja wohl die feinem Empfindungen fehlen. Bilde dir also ja nichts eher auf dein Lied ein, als bis ihm der sorglose Schäfer, der selbst auf seiner Flöte sehr lieblich spielt, mit stillem Entzücken lauschet.

11. Die Nachtigall und der Habicht

Ein Habicht schoß auf eine singende Nachtigall. Da du so lieblich singst, sprach er, wie vortrefflich wirst du schmecken!

War es höhnische Bosheit, oder war es Einfalt, was der Habicht sagte? Ich weiß nicht. Aber gestern hört ich sagen: dieses Frauenzimmer, das so unvergleichlich dichtet, muß es nicht ein allerliebstes Frauenzimmer sein! Und das war gewiß Einfalt!

12. Der kriegerische Wolf

Mein Vater, glorreichen Andenkens, sagte ein junger Wolf zu einem Fuchse, das war ein rechter Held! Wie fürchterlich hat er sich nicht in der ganzen Gegend gemacht! Er hat über mehr als zweihundert Feinde, nach und nach, triumphiert, und ihre schwarze Seelen in das Reich des Verderbens gesandt. Was Wunder also, daß er endlich doch einem unterliegen mußte!

So würde sich ein Leichenredner ausdrücken, sagte der Fuchs, der trockene Geschichtschreiber aber würde hinzusetzen: die zweihundert Feinde, über die er, nach und nach, triumphieret, waren Schafe und Esel; und der eine Feind, dem er unterlag, war der erste Stier, den er sich anzufallen erkühnte.

13. Der Phönix

Nach vielen Jahrhunderten gefiel es dem Phönix, sich wieder einmal sehen zu lassen. Er erschien, und alle Tiere und Vögel versammelten sich um ihn. Sie gafften, sie staunten, sie bewunderten und brachen in entzückendes Lob aus.

Bald aber verwandten die besten und geselligsten mitleidsvoll ihre Blicke und seufzten: Der unglückliche Phönix! Ihm ward das harte Los, weder Geliebte noch Freund zu haben; denn er ist der einzige seiner Art!

14. Die Gans

Die Federn einer Gans beschämten den neugebornen Schnee. Stolz auf dieses blendende Geschenk der Natur, glaubte sie eher zu einem Schwane als zu dem, was sie war, geboren zu sein. Sie sonderte sich von ihresgleichen ab und schwamm einsam und majestätisch auf dem Teiche herum. Bald dehnte sie ihren Hals, dessen verräterischer Kürze sie mit aller Macht abhelfen wollte. Bald suchte sie ihm die prächtige Biegung zu geben, in welcher der Schwan das würdigste Ansehen eines Vogels des Apollo hat. Doch vergebens; er war zu steif, und mit aller ihrer Bemühung brachte sie es nicht weiter, als daß sie eine lächerliche Gans ward, ohne ein Schwan zu werden.

15. Die Eiche und das Schwein

Ein gefräßiges Schwein mästete sich, unter einer hohen Eiche, mit der herabgefallenen Frucht. Indem es die eine Eichel zerbiß, verschluckte es bereits eine andere mit dem Auge.

Undankbares Vieh! rief endlich der Eichbaum herab. Du nährest dich von meinen Früchten, ohne einen einzigen dankbaren Blick auf mich in die Höhe zu richten.

Das Schwein hielt einen Augenblick inne und grunzte zur Antwort: Meine dankbaren Blicke sollten nicht außenbleiben, wenn ich nur wüßte, daß du deine Eicheln meinetwegen hättest fallen lassen.

16. Die Wespen

Ἵππος ερριμμενος σφηκων γενεσις εστιν. Aelianus de nat. animal.
lib. I. cap. 28.

Fäulnis und Verwesung zerstörten das stolze Gebäu eines kriegerischen Rosses, das unter seinem kühnen Reiter erschossen worden. Die Ruinen des einen braucht die allzeit wirksame Natur zu dem Leben des andern. Und so floh auch ein Schwarm junger Wespen aus dem beschmeißten Aase hervor. Oh, riefen die Wespen, was für eines göttlichen Ursprungs sind wir! Das prächtigste Roß, der Liebling Neptuns, ist unser Erzeuger!

Diese seltsame Prahlerei hörte der aufmerksame Fabeldichter und dachte an die heutigen Italiener, die sich nichts Geringers, als Abkömmlinge der alten unsterblichen Römer zu sein, einbilden, weil sie auf ihren Gräbern geboren worden.

17. Die Sperlinge

Eine alte Kirche, welche den Sperlingen unzählige Nester gab, ward ausgebessert. Als sie nun in ihrem neuen Glanze dastand, kamen die Sperlinge wieder, ihre alten Wohnungen zu suchen. Allein sie fanden sie alle vermauert. Zu was, schrien sie, taugt denn nun das große Gebäude? Kommt, verlaßt den unbrauchbaren Steinhaufen!

18. Der Strauß

Η στρουθος η μεγαλη λασιοις μεν τοις πτεροις επτερωται, αρθηναι
δε και εις βαθυν αερα μετεωρισθηναι φυσιν ουκ εχει · θει δε ωκιστα,
και τας παρα την πλευραν εκατεραν πτερυγας απλοι, και εμπιπτον
το πνευμα κολποι δικην ιστιων αυτας · πτησιν δε ουκ οιδεν. Aelianus lib. II. c. 26.

Itzt will ich fliegen, rief der gigantische Strauß, und das ganze
Volk der Vögel stand in ernster Erwartung um ihn versammelt. Itzt
will ich fliegen, rief er nochmals, breitete die gewaltigen Fittiche
weit aus und schoß, gleich einem Schiffe mit aufgespannten Segeln,
auf dem Boden dahin, ohne ihn mit einem Tritte zu verlieren.

Sehet da ein poetisches Bild jener unpoetischen Köpfe, die in den
ersten Zeilen ihrer ungeheuren Oden mit stolzen Schwingen prah-
len, sich über Wolken und Sterne zu erheben drohen und dem
Staube doch immer getreu bleiben!

19. Der Sperling und der Strauß

Sei auf deine Größe, auf deine Stärke so stolz, als du willst: sprach der Sperling zu dem Strauße. Ich bin doch mehr ein Vogel als du. Denn du kannst nicht fliegen; ich aber fliege, obgleich nicht hoch, obgleich nur ruckweise.

Der leichte Dichter eines fröhlichen Trinkliedes, eines kleinen verliebten Gesanges ist mehr ein Genie als der schwunglose Schreiber einer langen Hermanniade.

20. Die Hunde

Λεοντι ομοσε χωρει κυων Ινδικος – και πολλα αυτον λυπησας και κατατρωσας, τελευτων ητταται ο κυων. Aelianus lib. IV. cap. 19.

Wie ausgeartet ist hierzulande unser Geschlecht! sagte ein gereister Budel. In dem fernen Weltteile, welches die Menschen Indien nennen, da, da gibt es noch rechte Hunde; Hunde, meine Brüder – – ihr werdet es mir nicht glauben, und doch habe ich es mit meinen Augen gesehen – die auch einen Löwen nicht fürchten und kühn mit ihm anbinden.

Aber, fragte den Budel ein gesetzter Jagdhund, überwinden sie ihn denn auch, den Löwen?

Überwinden? war die Antwort. Das kann ich nun eben nicht sagen. Gleichwohl, bedenke nur, einen Löwen anzufallen! – –

Oh, fuhr der Jagdhund fort, wenn sie ihn nicht überwinden, so sind deine gepriesene Hunde in Indien – besser als wir, soviel wie nichts – aber ein gut Teil dümmer.

21. Der Fuchs und der Storch

Erzähle mir doch etwas von den fremden Ländern, die du alle gesehen hast, sagte der Fuchs zu dem weitgereisten Storche.

Hierauf fing der Storch an, ihm jede Lache und jede feuchte Wiese zu nennen, wo er die schmackhaftesten Würmer und die fettesten Frösche geschmauset.

Sie sind lange in Paris gewesen, mein Herr. Wo speiset man da am besten? Was für Weine haben Sie da am meisten nach Ihrem Geschmacke gefunden?

22. Die Eule und der Schatzgräber

Jener Schatzgräber war ein sehr unbilliger Mann. Er wagte sich in die Ruinen eines alten Raubschlosses und ward da gewahr, daß die Eule eine magere Maus ergriff und verzehrte. Schickt sich das, sprach er, für den philosophischen Liebling Minervens?

Warum nicht? versetzte die Eule. Weil ich stille Betrachtungen liebe, kann ich deswegen von der Luft leben? Ich weiß zwar wohl, daß ihr Menschen es von euren Gelehrten verlanget – –

23. Die junge Schwalbe

Was macht ihr da? fragte eine Schwalbe die geschäftigen Ameisen. Wir sammeln Vorrat auf den Winter, war die geschwinde Antwort.

Das ist klug, sagte die Schwalbe, das will ich auch tun. Und sogleich fing sie an, eine Menge toter Spinnen und Fliegen in ihr Nest zu tragen.

Aber wozu soll das? fragte endlich ihre Mutter. »Wozu? Vorrat auf den bösen Winter, liebe Mutter; sammle doch auch! Die Ameisen haben mich diese Vorsicht gelehrt.«

O laß den irdischen Ameisen diese kleine Klugheit, versetzte die Alte, was sich für sie schickt, schickt sich nicht für bessere Schwalben. Uns hat die gütige Natur ein holderes Schicksal bestimmt. Wenn der reiche Sommer sich endet, ziehen wir von hinnen; auf dieser Reise entschlafen wir allgemach, und da empfangen uns warme Sümpfe, wo wir ohne Bedürfnisse rasten, bis uns ein neuer Frühling zu einem neuen Leben erwecket.

24. Merops

Ο Μεροψ το ορνεον εμπαλιν, φασι, τοις αλλοις απασι πετεται · τα μεν γαρ εις τουμπροσφεν ιεται και κατ' οφθαλμους, το δε εις τουπισω.

Ich muß dich doch etwas fragen, sprach ein junger Adler zu einem tiefsinnigen, grundgelehrten Uhu. Man sagt, es gäbe einen Vogel, mit Namen *Merops*, der, wenn er in die Luft steige, mit dem Schwanze voraus, den Kopf gegen die Erde gekehret, fliege. Ist das wahr?

Ei nicht doch! antwortete der Uhu, das ist eine alberne Erdichtung des Menschen. Er mag selbst ein sol *cher Merops* sein, weil er nur gar zu gern den Himmel erfliegen möchte, ohne die Erde, auch nur einen Augenblick, aus dem Gesichte zu verlieren.

25. Der Pelekan

Aelianus de nat. animal. libr. III. cap. 30.

Für wohlgeratene Kinder können Eltern nicht zuviel tun. Aber wenn sich ein blöder Vater für einen ausgearteten Sohn das Blut vom Herzen zapft, dann wird Liebe zur Torheit.

Ein frommer Pelekan, da er seine Jungen schmachten sahe, ritzte sich mit scharfem Schnabel die Brust auf und erquickte sie mit seinem Blute. Ich bewundere deine Zärtlichkeit, rief ihm ein Adler zu, und bejammere deine Blindheit. Sieh doch, wie manchen nichtswürdigen Guckuck du unter deinen Jungen mit ausgebrütet hast!

So war es auch wirklich; denn auch ihm hatte der kalte Guckuck seine Eier untergeschoben. – Waren es undankbare Guckucke wert, daß ihr Leben so teuer erkauft wurde?

26. Der Löwe und der Tiger

Aelianus de natura animal. libr. II. cap. 12.

Der Löwe und der Hase, beide schlafen mit offenen Augen. Und so schlief jener, ermüdet von der gewaltigen Jagd, einst vor dem Eingange seiner fürchterlichen Höhle.

Da sprang ein Tiger vorbei und lachte des leichten Schlummers. Der nichtsfürchtende Löwe! rief er. Schläft er nicht mit offenen Augen, natürlich wie der Hase!

Wie der Hase? brüllte der aufspringende Löwe und war dem Spötter an der Gurgel. Der Tiger wälzte sich in seinem Blute, und der beruhigte Sieger legte sich wieder, zu schlafen.

27. Der Stier und der Hirsch

Ein schwerfälliger Stier und ein flüchtiger Hirsch weideten auf einer Wiese zusammen.

Hirsch, sagte der Stier, wenn uns der Löwe anfallen sollte, so laß uns für einen Mann stehen; wir wollen ihn tapfer abweisen. – Das mute mir nicht zu, erwiderte der Hirsch, denn warum sollte ich mich mit dem Löwen in ein ungleiches Gefecht einlassen, da ich ihm sicherer entlaufen kann?

28. Der Esel und der Wolf

Ein Esel begegnete einem hungrigen Wolfe. Habe Mitleiden mit mir, sagte der zitternde Esel, ich bin ein armes krankes Tier; sieh nur, was für einen Dorn ich mir in den Fuß getreten habe! –

Wahrhaftig, du dauerst mich, versetzte der Wolf. Und ich finde mich in meinem Gewissen verbunden, dich von diesen Schmerzen zu befreien. –

Kaum war das Wort gesagt, so ward der Esel zerrissen.

29. Der Springer im Schache

Zwei Knaben wollten Schach ziehen. Weil ihnen ein Springer fehlte, so machten sie einen überflüssigen Bauer, durch ein Merkzeichen, dazu.

Ei, riefen die andern Springer, woher, Herr Schritt vor Schritt?

Die Knaben hörten die Spötterei und sprachen: Schweigt! Tut er uns nicht ebendie Dienste, die ihr tut?

30. Aesopus und der Esel

Der Esel sprach zu dem Aesopus: Wenn du wieder ein Geschichtchen von mir ausbringst, so laß mich etwas recht Vernünftiges und Sinnreiches sagen.

Dich etwas Sinnreiches! sagte Aesop, wie würde sich das schicken? Würde man nicht sprechen, du seist der Sittenlehrer und ich der Esel?

Zweites Buch

1. Die eherne Bildsäule

Die eherne Bildsäule eines vortrefflichen Künstlers schmolz durch die Hitze einer wütenden Feuersbrunst in einen Klumpen. Dieser Klumpen kam einem andern Künstler in die Hände, und durch seine Geschicklichkeit verfertigte er eine neue Bildsäule daraus; von der erstern in dem, was sie vorstellete, unterschieden, an Geschmack und Schönheit aber ihr gleich.

Der Neid sah es und knirschte. Endlich besann er sich auf einen armseligen Trost: »Der gute Mann würde dieses, noch ganz erträgliche Stück, auch nicht hervorgebracht haben, wenn ihm nicht die Materie der alten Bildsäule dabei zustatten gekommen wäre.«

2. Herkules

Fab. Aesop. 191. edit. Hauptmannianae. Phaedrus lib. IV. Fab. 11.

Als *Herkules* in den Himmel aufgenommen ward, machte er seinen Gruß unter allen Göttern der *Juno* zuerst. Der ganze Himmel und *Juno* erstaunte darüber. Deiner Feindin, rief man ihm zu, begegnest du so vorzüglich? Ja, ihr selbst, erwiderte *Herkules*. Nur ihre Verfolgungen sind es, die mir zu den Taten Gelegenheit gegeben, womit ich den Himmel verdienet habe.

Der Olymp billigte die Antwort des neuen Gottes, und Juno ward versöhnt.

3. Der Knabe und die Schlange

Fab. Aesop. 170. Phaedrus lib. IV. Fab. 18.

Ein Knabe spielte mit einer zahmen Schlange. Mein liebes Tierchen, sagte der Knabe, ich würde mich mit dir so gemein nicht machen, wenn dir das Gift nicht benommen wäre. Ihr Schlangen seid die boshaftesten, undankbarsten Geschöpfe! Ich habe es wohl gelesen, wie es einem armen Landmann ging, der eine, vielleicht von deinen Ureltern, die er halb erfroren unter einer Hecke fand, mitleidig aufhob und sie in seinen erwärmenden Busen steckte. Kaum fühlte sich die Böse wieder, als sie ihren Wohltäter biß; und der gute freundliche Mann mußte sterben.

Ich erstaune, sagte die Schlange. Wie parteiisch eure Geschichtschreiber sein müssen! Die unsrigen erzählen diese Historie ganz anders. Dein freundlicher Mann glaubte, die Schlange sei wirklich erfroren, und weil es eine von den bunten Schlangen war, so steckte er sie zu sich, ihr zu Hause die schöne Haut abzustreifen. War das recht?

Ach, schweig nur, erwiderte der Knabe. Welcher Undankbare hätte sich nicht zu entschuldigen gewußt.

Recht, mein Sohn, fiel der Vater, der dieser Unterredung zugehört hatte, dem Knaben ins Wort. Aber gleichwohl, wenn du einmal von einem außerordentlichen Undanke hören solltest, so untersuche ja alle Umstände genau, bevor du einen Menschen mit so einem abscheulichen Schandflecke brandmarken lässest. Wahre Wohltäter haben selten Undankbare verpflichtet; ja, ich will zur Ehre der Menschheit hoffen – niemals. Aber die Wohltäter mit kleinen eigennützigen Absichten, die sind es wert, mein Sohn, daß sie Undank anstatt Erkenntlichkeit einwuchern.

4. Der Wolf auf dem Todbette

Fab. Aesop. 144. Phaedrus lib. I. Fab. 8.

Der Wolf lag in den letzten Zügen und schickte einen prüfenden Blick auf sein vergangenes Leben zurück. Ich bin freilich ein Sünder, sagte er, aber doch, hoffe ich, keiner von den größten. Ich habe Böses getan, aber auch viel Gutes. Einsmals, erinnere ich mich, kam mir ein blökendes Lamm, welches sich von der Herde verirret hatte, so nahe, daß ich es gar leicht hätte würgen können; und ich tat ihm nichts. Zu ebendieser Zeit hörte ich die Spöttereien und Schmähungen eines Schafes mit der bewundernswürdigsten Gleichgültigkeit an, ob ich schon keine schützende Hunde zu fürchten hatte.

Und das alles kann ich dir bezeugen, fiel ihm Freund Fuchs, der ihn zum Tode bereiten half, ins Wort. Denn ich erinnere mich noch gar wohl aller Umstände dabei. Es war zu ebender Zeit, als du dich an dem Beine so jämmerlich würgtest, das dir der gutherzige Kranich hernach aus dem Schlunde zog.

5. Der Stier und das Kalb

Phaedrus lib. V. Fab. 9.

Ein starker Stier zersplitterte mit seinen Hörnern, indem er sich durch die niedrige Stalltüre drängte, die obere Pfoste. Sieh einmal, Hirte! schrie ein junges Kalb; solchen Schaden tu ich dir nicht. Wie lieb wäre mir es, versetzte dieser, wenn du ihn tun könntest!

Die Sprache des Kalbes ist die Sprache der kleinen Philosophen. »Der böse *Bayle*! wie manche rechtschaffene Seele hat er mit seinen verwegnen Zweifeln geärgert!« – O ihr Herren, wie gern wollen wir uns ärgern lassen, wenn jeder von euch ein *Bayle* werden kann!

6. Die Pfauen und die Krähe

Fab. Aesop. 188. Phaedrus lib. I. Fab. 3.

Eine stolze Krähe schmückte sich mit den ausgefallenen Federn der farbigten Pfaue und mischte sich kühn, als sie gnug geschmückt zu sein glaubte, unter diese glänzende Vögel der Juno. Sie ward erkannt; und schnell fielen die Pfaue mit scharfen Schnäbeln auf sie, ihr den betriegrischen Putz auszureißen.

Lasset nach! schrie sie endlich, ihr habt nun alle das Eurige wieder. Doch die Pfaue, welche einige von den eignen glänzenden Schwingfedern der Krähe bemerkt hatten, versetzten: Schweig, armselige Närrin, auch diese können nicht dein sein! – und hackten weiter.

7. Der Löwe mit dem Esel

Phaedrus lib. I. Fab. 11.

Als des Aesopus Löwe mit dem Esel, der ihm durch seine fürchterliche Stimme die Tiere sollte jagen helfen, nach dem Walde ging, rief ihm eine nasenweise Krähe von dem Baume zu: Ein schöner Gesellschafter! Schämst du dich nicht, mit einem Esel zu gehen? – Wen ich brauchen kann, versetzter der Löwe, dem kann ich ja wohl meine Seite gönnen.

So denken die Großen alle, wenn sie einen Niedrigen ihrer Gemeinschaft würdigen.

8. Der Esel mit dem Löwen

Phaedrus lib. I. Fab. 11.

Als der Esel mit dem Löwen des Aesopus, der ihn statt seines Jägerhorns brauchte, nach dem Walde ging, begegnete ihm ein andrer Esel von seiner Bekanntschaft und rief ihm zu: Guten Tag, mein Bruder! – Unverschämter! war die Antwort. –

Und warum das? fuhr jener Esel fort. Bist du deswegen, weil du mit einem Löwen gehst, besser als ich? mehr als ein Esel?

9. Die blinde Henne

Phaedrus lib. III. Fab. 12.

Eine blind gewordene Henne, die des Scharrens gewohnt war, hörte auch blind noch nicht auf, fleißig zu scharren. Was half es der arbeitsamen Närrin? Eine andre sehende Henne, welche ihre zarten Füße schonte, wich nie von ihrer Seite und genoß, ohne zu scharren, die Frucht des Scharrens. Denn sooft die blinde Henne ein Korn aufgescharret hatte, fraß es die sehende weg.

Der fleißige Deutsche macht die Collectanea, die der witzige Franzose nutzt.

10. Die Esel

Fabul. Aesop. 112.

Die Esel beklagten sich bei dem Zeus, daß die Menschen mit ihnen zu grausam umgingen. Unser starker Rücken, sagten sie, trägt ihre Lasten, unter welchen sie und jedes schwächere Tier erliegen müßten. Und doch wollen sie uns, durch unbarmherzigen Schläge, zu einer Geschwindigkeit nötigen, die uns durch die Last unmöglich gemacht würde, wenn sie uns auch die Natur nicht versagt hätte. Verbiete ihnen, Zeus, so unbillig zu sein, wenn sich die Menschen anders etwas Böses verbieten lassen. Wir wollen ihnen dienen, weil es scheinet, daß du uns darzu erschaffen hast; allein geschlagen wollen wir ohne Ursach nicht sein.

Mein Geschöpf, antwortete Zeus ihrem Sprecher, die Bitte ist nicht ungerecht; aber ich sehe keine Möglichkeit, die Menschen zu überzeugen, daß eure natürliche Langsamkeit keine Faulheit sei. Und solange sie dieses glauben, werdet ihr geschlagen werden. – Doch ich sinne, euer Schicksal zu erleichtern. – Die Unempfindlichkeit soll von nun an euer Teil sein; eure Haut soll sich gegen die Schläge verhärten und den Arm des Treibers ermüden.

Zeus, schrien die Esel, du bist allezeit weise und gnädig! – Sie gingen erfreut von seinem Throne als dem Throne der allgemeinen Liebe.

11. Das beschützte Lamm

Fabul. Aesop. 157.

Hylax, aus dem Geschlechte der Wolfshunde, bewachte ein frommes Lamm. Ihn erblickte Lykodes, der gleichfalls an Haar, Schnauze und Ohren einem Wolfe ähnlicher war als einem Hunde, und fuhr auf ihn los. Wolf, schrie er, was machst du mit diesem Lamme? –

Wolf selbst! versetzte Hylax. (Die Hunde verkannten sich beide.) Geh! oder du sollst es erfahren, daß ich sein Beschützer bin!

Doch Lykodes will das Lamm dem Hylax mit Gewalt nehmen; Hylax will es mit Gewalt behaupten, und das arme Lamm – treffliche Beschützer! – wird darüber zerrissen.

12. Jupiter und Apollo

Fab. Aesop. 187.

Jupiter und Apollo stritten, welcher von ihnen der beste Bogen-schütze sei. Laß uns die Probe machen! sagte Apollo. Er spannte seinen Bogen und schoß so mitten in das bemerkte Ziel, daß Jupiter keine Möglichkeit sahe, ihn zu übertreffen. – Ich sehe, sprach er, daß du wirklich sehr wohl schießest. Ich werde Mühe haben, es besser zu machen. Doch will ich es ein andermal versuchen. – Er soll es noch versuchen, der kluge Jupiter!

13. Die Wasserschlange

Fab. Aesop. 167. Phaedrus lib. I. Fab. 2.

Zeus hatte nunmehr den Fröschen einen andern König gegeben; anstatt eines friedlichen Klotzes, eine gefräßige Wasserschlange.

Willst du unser König sein, schrien die Frösche, warum verschlingst du uns? – Darum, antwortete die Schlange, weil ihr um mich gebeten habt. –

Ich habe nicht um dich gebeten! rief einer von den Fröschen, den sie schon mit den Augen verschlang. Nicht? sagte die Wasserschlange. Desto schlimmer! So muß ich dich verschlingen, weil du nicht um mich gebeten hast.

14. Der Fuchs und die Larve

Fab. Aesop. 11. Phaedrus lib. I. Fab. 7.

Vor alten Zeiten fand ein Fuchs die hohle, einen weiten Mund aufreißende Larve eines Schauspielers. Welch ein Kopf! sagte der betrachtende Fuchs. Ohne Gehirn, und mit einem offenen Munde! Sollte das nicht der Kopf eines Schwätzers gewesen sein?

Dieser Fuchs kannte euch, ihr ewigen Redner, ihr Strafgerichte des unschuldigsten unserer Sinne!

15. Der Rabe und der Fuchs

Fab. Aesop. 205. Phaedrus lib. I. Fab. 13.

Ein Rabe trug ein Stück vergiftetes Fleisch, das der erzürnte Gärtner für die Katzen seines Nachbars hingeworfen hatte, in seinen Klauen fort.

Und eben wollte er es auf einer alten Eiche verzehren, als sich ein Fuchs herbeischlich und ihm zurief: Sei mir gesegnet, Vogel des Jupiters! – Für wen siehst du mich an? fragte der Rabe. – Für wen ich dich ansehe? erwiderte der Fuchs. Bist du nicht der rüstige Adler, der täglich von der Rechte des Zeus auf diese Eiche herabkömmt, mich Armen zu speisen? Warum verstellst du dich? Sehe ich denn nicht in der siegreichen Klaue die erflehte Gabe, die mir dein Gott durch dich zu schicken noch fortfährt?

Der Rabe erstaunte und freuete sich innig, für einen Adler gehalten zu werden. Ich muß, dachte er, den Fuchs aus diesem Irrtume nicht bringen. – Großmütig dumm ließ er ihm also seinen Raub herabfallen und flog stolz davon.

Der Fuchs fing das Fleisch lachend auf und fraß es mit boshafter Freude. Doch bald verkehrte sich die Freude in ein schmerzhaftes Gefühl; das Gift fing an zu wirken, und er verreckte.

Möchtet ihr euch nie etwas anders als Gift erloben, verdammte Schmeichler!

16. Der Geizige

Fab. Aesop. 59.

Ich Unglücklicher! klagte ein Geizhals seinem Nachbar. Man hat mir den Schatz, den ich in meinem Garten vergraben hatte, diese Nacht entwendet und einen verdammten Stein an dessen Stelle gelegt.

Du würdest, antwortete ihm der Nachbar, deinen Schatz doch nicht genutzt haben. Bilde dir also ein, der Stein sei dein Schatz, und du bist nichts ärmer.

Wäre ich auch schon nichts ärmer, erwiderte der Geizhals, ist ein andrer nicht um so viel reicher? Ein andrer um so viel reicher! Ich möchte rasend werden.

17. Der Rabe

Fab. Aesop. 132.

Der Fuchs sahe, daß der Rabe die Altäre der Götter beraubte und von ihren Opfern mitlebte. Da dachte er bei sich selbst: Ich möchte wohl wissen, ob der Rabe Anteil an den Opfern hat, weil er ein prophetischer Vogel ist, oder ob man ihn für einen prophetischen Vogel hält, weil er frech genug ist, die Opfer mit den Göttern zu teilen.

18. Zeus und das Schaf

Fab. Aesop. 119.

Das Schaf mußte von allen Tieren vieles leiden. Da trat es vor den Zeus und bat, sein Elend zu mindern.

Zeus schien willig und sprach zu dem Schafe: Ich sehe wohl, mein frommes Geschöpf, ich habe dich allzu wehrlos erschaffen. Nun wähle, wie ich diesem Fehler am besten abhelfen soll. Soll ich deinen Mund mit schrecklichen Zähnen und deine Füße mit Krallen rüsten? –

O nein, sagte das Schaf, ich will nichts mit den reißenden Tieren gemein haben.

Oder, fuhr Zeus fort, soll ich Gift in deinen Speichel legen?

Ach! versetzte das Schaf, die giftigen Schlangen werden ja so sehr gehasset. –

Nun was soll ich denn? Ich will Hörner auf deine Stirne pflanzen, und Stärke deinem Nacken geben.

Auch nicht, gütiger Vater, ich könnte leicht so stößig werden als der Bock.

Und gleichwohl, sprach Zeus, mußt du selbst schaden können, wenn sich andere, dir zu schaden, hüten sollen.

Müßt ich das! seufzte das Schaf. O so laß mich, gütiger Vater, wie ich bin. Denn das Vermögen, schaden zu können, erweckt, fürchte ich, die Lust, schaden zu wollen; und es ist besser Unrecht leiden als Unrecht tun.

Zeus segnete das fromme Schaf, und es vergaß von Stund an zu klagen.

19. Der Fuchs und der Tiger

Fab. Aesop. 159.

Deine Geschwindigkeit und Stärke, sagte ein Fuchs zu dem Tiger, möchte ich mir wohl wünschen.

Und sonst hätte ich nichts, was dir anstünde? fragte der Tiger.

Ich wüßte nichts! – – Auch mein schönes Fell nicht? fuhr der Tiger fort. Es ist so vielfarbig als dein Gemüt, und das Äußere würde sich vortrefflich zu dem Innern schicken.

Eben darum, versetzte der Fuchs, danke ich recht sehr dafür. Ich muß das nicht scheinen, was ich bin. Aber wollten die Götter, daß ich meine Haare mit Federn vertauschen könnte!

20. Der Mann und der Hund

Fab. Aesop. 25. Phaedrus lib. II. Fab. 3.

Ein Mann ward von einem Hunde gebissen, geriet darüber in Zorn und erschlug den Hund. Die Wunde schien gefährlich, und der Arzt mußte zu Rate gezogen werden.

Hier weiß ich kein besseres Mittel, sagte der Empiricus, als daß man ein Stücke Brot in die Wunde tauche und es dem Hunde zu fressen gebe. Hilft diese sympathetische Kur nicht, so – Hier zuckte der Arzt die Achsel.

Unglücklicher Jähzorn! rief der Mann, sie kann nicht helfen, denn ich habe den Hund erschlagen.

21. Die Traube

Fab. Aesop. 156. Phaedrus lib. IV. Fab. 2.

Ich kenne einen Dichter, dem die schreiende Bewunderung seiner kleinen Nachahmer weit mehr geschadet hat als die neidische Verachtung seiner Kunstrichter.

Sie ist ja doch sauer! sagte der Fuchs von der Traube, nach der er lange genug vergebens gesprungen war. Das hörte ein Sperling und sprach: Sauer sollte diese Traube sein? Darnach sieht sie mir doch nicht aus! Er flog hin und kostete und fand sie ungemein süße und rief hundert näschige Brüder herbei. Kostet doch! schrie er, kostet doch! Diese treffliche Traube schalt der Fuchs sauer. – Sie kosteten alle, und in wenig Augenblicken ward die Traube so zugerichtet, daß nie ein Fuchs wieder darnach sprang.

22. Der Fuchs

Fab. Aesop. 8.

Ein verfolgter Fuchs rettete sich auf eine Mauer. Um auf der andern Seite gut herabzukommen, ergriff er einen nahen Dornenstrauch. Er ließ sich auch glücklich daran nieder, nur daß ihn die Dornen schmerzlich verwundeten. Elende Helfer, rief der Fuchs, die nicht helfen können, ohne zugleich zu schaden!

23. Das Schaf

Fab. Aesop. 189.

Als Jupiter das Fest seiner Vermählung feierte und alle Tiere ihm Geschenke brachten, vermißte Juno das Schaf.

Wo bleibt das Schaf? fragte die Göttin. Warum versäumt das fromme Schaf, uns sein wohlmeinendes Geschenk zu bringen?

Und der Hund nahm das Wort und sprach: Zürne nicht, Göttin! Ich habe das Schaf noch heute gesehen; es war sehr betrübt und jammerte laut.

Und warum jammerte das Schaf? fragte die schon gerührte Göttin,

Ich ärmste ! so sprach es. Ich habe itzt weder Wolle noch Milch; was werde ich dem Jupiter schenken? Soll ich, ich allein, leer vor ihm erscheinen? Lieber will ich hingehen und den Hirten bitten, daß er mich ihm opfere!

Indem drang, mit des Hirten Gebete, der Rauch des geopferten Schafes, dem Jupiter ein süßer Geruch, durch die Wolken. Und jetzt hätte Juno die erste Träne geweinet, wenn Tränen ein unsterbliches Auge benetzten.

24. Die Ziegen

Phaedrus lib. IV. Fab. 15.

Die Ziegen baten den Zeus, auch ihnen Hörner zu geben; denn anfangs hatten die Ziegen keine Hörner.

Überlegt es wohl, was ihr bittet, sagte Zeus. Es ist mit dem Geschenke der Hörner ein anderes unzertrennlich verbunden, das euch so angenehm nicht sein möchte.

Doch die Ziegen beharrten auf ihrer Bitte, und Zeus sprach: So habet denn Hörner!

Und die Ziegen bekamen Hörner – und Bart! Denn anfangs hatten die Ziegen auch keinen Bart. O wie schmerzte sie der häßliche Bart! Weit mehr, als sie die stolzen Hörner erfreuten!

25. Der wilde Apfelbaum

Fab. Aesop. 173.

In den hohlen Stamm eines wilden Apfelbaumes ließ sich ein Schwarm Bienen nieder. Sie füllten ihn mit den Schätzen ihres Honigs, und der Baum ward so stolz darauf, daß er alle andere Bäume gegen sich verachtete.

Da rief ihm ein Rosenstock zu: Elender Stolz auf geliehene Süßigkeiten! Ist deine Frucht darum weniger herbe? In diese treibe den Honig herauf, wenn du es vermagst, und dann erst wird der Mensch dich segnen!

26. Der Hirsch und der Fuchs

Fab. Aesop. 226. Phaedrus lib. I. Fab. 11. et lib. I. Fab. 5.

Der Hirsch sprach zu dem Fuchse: Nun wehe uns armen schwächern Tieren! Der Löwe hat sich mit dem Wolfe verbunden.

Mit dem Wolfe? sagte der Fuchs. Das mag noch hingehen! Der Löwe brüllet, der Wolf heulet, und so werdet ihr euch noch oft beizeiten mit der Flucht retten können. Aber alsdenn, alsdenn möchte es um uns alle geschehen sein, wenn es dem gewaltigen Löwen einfallen sollte, sich mit dem schleichenden Luchse zu verbinden.

27. Der Dornstrauch

Fab. Aesop. 42.

Aber sage mir doch, fragte die Weide den Dornstrauch, warum du nach den Kleidern des vorbeigehenden Menschen so begierig bist? Was willst du damit? Was können sie dir helfen?

Nichts! sagte der Dornstrauch. Ich will sie ihm auch nicht nehmen; ich will sie ihm nur zerreißen.

28. Die Furien

Suidas in Αειπαρθενος.

Meine Furien, sagte Pluto zu dem Boten der Götter, werden alt und stumpf. Ich brauche frische. Geh also, Merkur, und suche mir auf der Oberwelt drei tüchtige Weibspersonen dazu aus. Merkur ging. –

Kurz hierauf sagte Juno zu ihrer Dienerin. Glaubtest du wohl, Iris, unter den Sterblichen zwei oder drei vollkommen strenge, züchtige Mädchen zu finden? Aber vollkommen strenge! Verstehst du mich? Um Kytheren Hohn zu sprechen, die sich, das ganze weibliche Geschlecht unterworfen zu haben, rühmet. Geh immer, und sieh, wo du sie auftreibest. Iris ging. –

In welchem Winkel der Erde suchte nicht die gute Iris! Und dennoch umsonst! Sie kam ganz allein wieder, und Juno rief ihr entgegen: Ist es möglich? O Keuschheit! O Tugend!

Göttin, sagte Iris, ich hätte dir wohl drei Mädchen bringen können, die alle drei vollkommen streng und züchtig gewesen, die alle drei nie einer Mannsperson gelächelt, die alle drei den geringsten Funken der Liebe in ihren Herzen erstickt: aber ich kam, leider, zu spät. –

Zu spät? sagte Juno. Wieso?

»Eben hatte sie Merkur für den Pluto abgeholt.«

Für den Pluto? Und wozu will Pluto diese Tugendhaften? –

»Zu Furien.«

29. Tiresias

Antoninus Liberalis c. 17.

Tiresias nahm seinen Stab und ging über Feld. Sein Weg trug ihn durch einen heiligen Hain, und mitten in dem Haine, wo drei Wege einander durchkreuzten, ward er ein Paar Schlangen gewahr, die sich begatteten. Da hub Tiresias seinen Stab auf und schlug unter die verliebten Schlangen. – Aber, o Wunder! Indem der Stab auf die Schlangen herabsank, ward Tiresias zum Weibe.

Nach neun Monden ging das Weib Tiresias wieder durch den heiligen Hain; und an ebendem Orte, wo die drei Wege einander durchkreuzten, ward sie ein Paar Schlangen gewahr, die miteinander kämpften. Da hub Tiresias abermals ihren Stab auf und schlug unter die ergrimmten Schlangen, und – O Wunder! Indem der Stab die kämpfenden Schlangen schied, ward das Weib Tiresias wieder zum Manne.

30. Minerva

Laß sie doch, Freund, laß sie, die kleinen hämischen Neider deines wachsenden Ruhmes! Warum will dein Witz ihre der Vergessenheit bestimmte Namen verewigen?

In dem unsinnigen Kriege, welchen die Riesen wider die Götter führten, stellten die Riesen der Minerva einen schrecklichen Drachen entgegen. Minerva aber ergriff den Drachen und schleuderte ihn mit gewaltiger Hand an das Firmament. Da glänzt er noch; und was so oft großer Taten Belohnung war, ward des Drachen beneidenswürdige Strafe.

Drittes Buch

1. Der Besitzer des Bogens

Ein Mann hatte einen trefflichen Bogen von Ebenholz, mit dem er sehr weit und sehr sicher schoß und den er ungemein werthielt. Einst aber, als er ihn aufmerksam betrachtete, sprach er: Ein wenig zu plump bist du doch! Alle deine Zierde ist die Glätte. Schade! – Doch dem ist abzuhelfen, fiel ihm ein. Ich will hingehen und den besten Künstler Bilder in den Bogen schnitzen lassen. – Er ging hin, und der Künstler schnitzte eine ganze Jagd auf den Bogen, und was hätte sich besser auf einen Bogen geschickt als eine Jagd?

Der Mann war voller Freuden. »Du verdienest diese Zieraten, mein lieber Bogen!« – Indem will er ihn versuchen, er spannt, und der Bogen – zerbricht.

2. Die Nachtigall und die Lerche

Was soll man zu den Dichtern sagen, die so gern ihren Flug weit über alle Fassung des größten Teiles ihrer Leser nehmen? Was sonst, als was die Nachtigall einst zu der Lerche sagte: Schwingst du dich, Freundin, nur darum so hoch, um nicht gehört zu werden?

3. Der Geist des Salomo

Ein ehrlicher Greis trug des Tages Last und Hitze, sein Feld mit eigner Hand zu pflügen und mit eigner Hand den reinen Samen in den lockern Schoß der willigen Erde zu streuen.

Auf einmal stand, unter dem breiten Schatten einer Linde, eine göttliche Erscheinung vor ihm da! Der Greis stutzte.

Ich bin Salomo, sagte mit vertraulicher Stimme das Phantom. Was machst du hier, Alter?

Wenn du Salomo bist, versetzte der Alte, wie kannst du fragen? Du schicktest mich in meiner Jugend zu der Ameise'; ich sahe ihren Wandel und lernte von ihr fleißig sein und sammeln. Was ich da lernte, das tue ich noch. –

Du hast deine Lektion nur halb gelernet, versetzte der Geist. Geh noch einmal hin zur Ameise, und lerne nun auch von ihr in dem Winter deiner Jahre ruhen und des Gesammelten genießen.

4. Das Geschenk der Feien

Zu der Wiege eines jungen Prinzen, der in der Folge einer der größten Regenten seines Landes ward, traten zwei wohltätige Feien.

Ich schenke diesem meinem Lieblinge, sagte die eine, den scharfsichtigen Blick des Adlers, dem in seinem weiten Reiche auch die kleinste Mücke nicht entgeht.

Das Geschenk ist schön, unterbrach sie die zweite Feie. Der Prinz wird ein einsichtsvoller Monarch werden. Aber der Adler besitzt nicht allein Scharfsichtigkeit, die kleinsten Mücken zu bemerken, er besitzt auch eine edle Verachtung, ihnen nicht nachzujagen. Und diese nehme der Prinz von mir zum Geschenk!

Ich danke dir, Schwester, für diese weise Einschränkung, versetzte die erste Feie. Es ist wahr, viele würden weit größere Könige gewesen sein, wenn sie sich weniger mit ihrem durchdringenden Verstande bis zu den kleinsten Angelegenheiten hätten erniedrigen wollen.

5. Das Schaf und die Schwalbe

Η χελιδων – επι τα νωτα των προβατων ιζανει, και αποσπα του μαλλου, και εντευθεν τοις εαυτης βρεφεσι το λεχος μαλακον εστρωσεν. Aelianus lib. III. c. 24.

Eine Schwalbe flog auf ein Schaf, ihm ein wenig Wolle, für ihr Nest, auszurupfen. Das Schaf sprang unwillig hin und wider. Wie bist du denn nur gegen mich so karg? sagte die Schwalbe. Dem Hirten erlaubst du, daß er dich deiner Wolle über und über entblößen darf, und mir verweigerst du eine kleine Flocke. Woher kömmt das?

Das kömmt daher, antwortete das Schaf, weil du mir meine Wolle nicht mit ebenso guter Art zu nehmen weißt als der Hirte.

6. Der Rabe

Der Rabe bemerkte, daß der Adler ganze dreißig Tage über seinen Eiern brütete. Und daher kömmt es, ohne Zweifel, sprach er, daß die Jungen des Adlers so allsehend und stark werden. Gut! das will ich auch tun.

Und seitdem brütet der Rabe wirklich ganze dreißig Tage über seinen Eiern; aber noch hat er nichts als elende Raben ausgebrütet.

Der Rangstreit der Tiere

in vier Fabeln

7.

Es entstand ein hitziger Rangstreit unter den Tieren. Ihn zu schlichten, sprach das Pferd, lasset uns den Menschen zu Rate ziehen; er ist keiner von den streitenden Teilen und kann desto unparteiischer sein.

Aber hat er auch den Verstand dazu? ließ sich ein Maulwurf hören. Er braucht wirklich den allerfeinsten, unsere oft tief versteckte Vollkommenheiten zu erkennen.

Das war sehr weislich erinnert! sprach der Hamster.

Jawohl! rief auch der Igel. Ich glaube es nimmermehr, daß der Mensch Scharfsichtigkeit genug besitzet.

Schweigt ihr! befahl das Pferd. Wir wissen es schon: Wer sich auf die Güte seiner Sache am wenigsten zu verlassen hat, ist immer am fertigsten, die Einsicht seines Richters in Zweifel zu ziehen.

8.

Der Mensch ward Richter. – Noch ein Wort, rief ihm der majestätische Löwe zu, bevor du den Ausspruch tust! Nach welcher Regel, Mensch, willst du unsern Wert bestimmen?

Nach welcher Regel? Nach dem Grade, ohne Zweifel, antwortete der Mensch, in welchem ihr mir mehr oder weniger nützlich seid. –

Vortrefflich! versetzte der beleidigte Löwe. Wie weit würde ich alsdenn unter dem Esel zu stehen kommen! Du kannst unser Richter nicht sein, Mensch! Verlaß die Versammlung!

9.

Der Mensch entfernte sich. – Nun, sprach der höhnische Maulwurf – (und ihm stimmte der Hamster und der Igel wieder bei) –, siehst du, Pferd? der Löwe meint es auch, daß der Mensch unser Richter nicht sein kann. Der Löwe denkt wie wir.

Aber aus bessern Gründen als ihr! sagte der Löwe und warf ihnen einen verächtlichen Blick zu.

10.

Der Löwe fuhr weiter fort: Der Rangstreit, wenn ich es recht überlege, ist ein nichtswürdiger Streit! Haltet mich für den Vornehmsten oder für den Geringsten; es gilt mir gleich viel. Genug ich kenne mich! – Und so ging er aus der Versammlung.

Ihm folgte der weise Elefant, der kühne Tiger, der ernsthafte Bär, der kluge Fuchs, das edle Pferd; kurz, alle, die ihren Wert fühlten oder zu fühlen glaubten.

Die sich am letzten wegbegaben und über die zerrissene Versammlung am meisten murreten, waren – der Affe und der Esel.

11. Der Bär und der Elefant

Aelianus de nat. animal. lib. II. cap. 11.

Die unverständigen Menschen! sagte der Bär zu dem Elefanten. Was fordern sie nicht alles von uns bessern Tieren! Ich muß nach der Musik tanzen, ich, der ernsthafte Bär! Und sie wissen es doch nur allzuwohl, daß sich solche Possen zu meinem ehrwürdigen Wesen nicht schicken; denn warum lachten sie sonst, wenn ich tanze?

Ich tanze auch nach der Musik, versetzte der gelehrige Elefant, und glaube ebenso ernsthaft und ehrwürdig zu sein als du. Gleichwohl haben die Zuschauer nie über mich gelacht, freudige Bewunderung bloß war auf ihren Gesichtern zu lesen. Glaube mir also, Bär, die Menschen lachen nicht darüber, daß du tanzest, sondern darüber, daß du dich so albern dazu anschickst.

12. Der Strauß

Das pfeilschnelle Renntier sahe den Strauß und sprach: Das Laufen des Straußes ist so außerordentlich eben nicht, aber ohne Zweifel fliegt er desto besser.

Ein andermal sahe der Adler den Strauß und sprach: Fliegen kann der Strauß nun wohl nicht, aber ich glaube, er muß gut laufen können.

Die Wohltaten

in zwei Fabeln

13.

Hast du wohl einen größern Wohltäter unter den Tieren als uns? fragte die Biene den Menschen.

Jawohl! erwiderte dieser.

»Und wen?«

Das Schaf! Denn seine Wolle ist mir notwendig, und dein Honig ist mir nur angenehm.

14.

Und willst du noch einen Grund wissen, warum ich das Schaf für meinen größern Wohltäter halte als dich Biene? Das Schaf schenket mir seine Wolle ohne die geringste Schwierigkeit, aber wenn du mir deinen Honig schenkest, muß ich mich noch immer vor deinem Stachel fürchten.

15. Die Eiche

Der rasende Nordwind hatte seine Stärke in einer stürmischen Nacht an einer erhabenen Eiche bewiesen. Nun lag sie gestreckt, und eine Menge niedriger Sträuche lagen unter ihr zerschmettert. Ein Fuchs, der seine Grube nicht weit davon hatte, sahe sie des Morgens darauf. Was für ein Baum! rief er. Hätte ich doch nimmermehr gedacht, daß er so groß gewesen wäre.

Die Geschichte des alten Wolfs

in sieben Fabeln

Aelianus libr. IV. cap. 15.

16.

Der böse Wolf war zu Jahren gekommen und faßte den gleißenden Entschluß, mit den Schäfern auf einem gütlichen Fuß zu leben. Er machte sich also auf und kam zu dem Schäfer, dessen Horden seiner Höhle die nächsten waren.

Schäfer, sprach er, du nennest mich den blutgierigen Räuber, der ich doch wirklich nicht bin. Freilich muß ich mich an deine Schafe halten, wenn mich hungert; denn Hunger tut weh. Schütze mich nur vor dem Hunger, mache mich nur satt, und du sollst mit mir recht wohl zufrieden sein. Denn ich bin wirklich das zahmste, sanftmütigste Tier, wenn ich satt bin.

Wenn du satt bist? Das kann wohl sein, versetzte der Schäfer. Aber wann bist du denn satt? Du und der Geiz werden es nie. Geh deinen Weg!

17.

Der abgewiesene Wolf kam zu einem zweiten Schäfer.

Du weißt Schäfer, war seine Anrede, daß ich dir, das Jahr durch, manches Schaf würgen könnte. Willst du mir überhaupt jedes Jahr sechs Schafe geben, so bin ich zufrieden. Du kannst alsdenn sicher schlafen, und die Hunde ohne Bedenken abschaffen.

Sechs Schafe? sprach der Schäfer. Das ist ja eine ganze Herde! –

Nun, weil du es bist, so will ich mich mit fünfen begnügen, sagte der Wolf.

»Du scherzest, fünf Schafe! Mehr als fünf Schafe opfre ich kaum im ganzen Jahre dem Pan.«

Auch nicht viere? fragte der Wolf weiter, und der Schäfer schüttelte spöttisch den Kopf.

»Drei? – Zwei? – –«

Nicht ein einziges, fiel endlich der Bescheid. Denn es wäre ja wohl töricht, wenn ich mich einem Feinde zinsbar machte, vor welchem ich mich durch meine Wachsamkeit sichern kann.

18.

Aller guten Dinge sind drei, dachte der Wolf und kam zu einem dritten Schäfer.

Es geht mir recht nahe, sprach er, daß ich unter euch Schäfern als das grausamste, gewissenloseste Tier verschrien bin. Dir, Montan, will ich itzt beweisen, wie unrecht man mir tut. Gib mir jährlich ein Schaf, so soll deine Herde in jenem Walde, den niemand unsicher macht als ich, frei und unbeschädigt weiden dürfen. Ein Schaf! Welche Kleinigkeit! Könnte ich großmütiger, könnte ich uneigennütziger handeln? – Du lachst, Schäfer? Worüber lachst du denn?

Oh, über nichts! Aber wie alt bist du, guter Freund? sprach der Schäfer.

»Was geht dich mein Alter an? Immer noch alt genug, dir deine liebsten Lämmer zu würgen.«

Erzürne dich nicht, alter Isegrim! Es tut mir leid, daß du mit deinem Vorschlage einige Jahre zu späte kömmst. Deine ausgerissenen Zähne verraten dich. Du spielst den Uneigennützigen, bloß um dich desto gemächlicher, mit desto weniger Gefahr nähren zu können.

19.

Der Wolf ward ärgerlich, faßte sich aber doch und ging auch zu dem vierten Schäfer. Diesem war eben sein treuer Hund gestorben, und der Wolf machte sich den Umstand zunutze.

Schäfer, sprach er, ich habe mich mit meinen Brüdern in dem Walde veruneiniget, und so, daß ich mich in Ewigkeit nicht wieder mit ihnen aussöhnen werde. Du weißt, wieviel du von ihnen zu fürchten hast! Wenn du mich aber anstatt deines verstorbenen

Hundes in Dienste nehmen willst, so stehe ich dir dafür, daß sie keines deiner Schafe auch nur scheel ansehen sollen.

Du willst sie also, versetzte der Schäfer, gegen deine Brüder im Walde beschützen? –

»Was meine ich denn sonst? Freilich.«

Das wäre nicht übel! Aber, wenn ich dich nun in meine Horden einnähme, sage mir doch, wer sollte alsdenn meine armen Schafe gegen dich beschützen? Einen Dieb ins Haus nehmen, um vor den Dieben außer dem Hause sicher zu sein, das halten wir Menschen – –

Ich höre schon, sagte der Wolf, du fängst an zu moralisieren. Lebe wohl!

20.

Wäre ich nicht so alt! knirschte der Wolf. Aber ich muß mich, leider, in die Zeit schicken. Und so kam er zu dem fünften Schäfer.

Kennst du mich, Schäfer? fragte der Wolf.

Deinesgleichen wenigstens kenne ich, versetzte der Schäfer.

»Meinesgleichen? Daran zweifle ich sehr. Ich bin ein so sonderbarer Wolf, daß ich deiner und aller Schäfer Freundschaft wohl wert bin.«

Und wie sonderbar bist du denn?

»Ich könnte kein lebendiges Schaf würgen und fressen, und wenn es mir das Leben kosten sollte. Ich nähre mich bloß mit toten Schafen. Ist das nicht löblich? Erlaube mir also immer, daß ich mich dann und wann bei deiner Herde einfinden und nachfragen darf, ob dir nicht –«

Spare der Worte! sagte der Schäfer. Du müßtest gar keine Schafe fressen, auch nicht einmal tote, wenn ich dein Feind nicht sein sollte. Ein Tier, das mir schon tote Schafe frißt, lernt leicht aus Hunger kranke Schafe für tot und gesunde für krank ansehen. Mache auf meine Freundschaft also keine Rechnung, und geh!

21.

Ich muß nun schon mein Liebstes daranwenden, um zu meinem Zwecke zu gelangen! dachte der Wolf und kam zu dem sechsten Schäfer.

Schäfer, wie gefällt dir mein Belz? fragte der Wolf.

Dein Belz? sagte der Schäfer. Laß sehen! Er ist schön, die Hunde müssen dich nicht oft unter gehabt haben.

»Nun so höre, Schäfer, ich bin alt und werde es so lange nicht mehr treiben. Füttere mich zu Tode, und ich vermache dir meinen Belz.«

Ei sieh doch! sagte der Schäfer. Kömmst du auch hinter die Schliche der alten Geizhälse? Nein, nein, dein Belz würde mich am Ende siebenmal mehr kosten, als er wert wäre. Ist es dir aber ein Ernst, mir ein Geschenk zu machen, so gib mir ihn gleich itzt. – Hiermit griff der Schäfer nach der Keule, und der Wolf flohe.

22.

O die Unbarmherzigen! schrie der Wolf und geriet in die äußerste Wut. So will ich auch als ihr Feind sterben, ehe mich der Hunger tötet; denn sie wollen es nicht besser!

Er lief, brach in die Wohnungen der Schäfer ein, riß ihre Kinder nieder und ward nicht ohne große Mühe von den Schäfern erschlagen.

Da sprach der Weiseste von ihnen: Wir taten doch wohl unrecht, daß wir den alten Räuber auf das Äußerste brachten und ihm alle Mittel zur Besserung, so spät und erzwungen sie auch war, benahmen!

23. Die Maus

Eine philosophische Maus pries die gütige Natur, daß sie die Mäuse zu einem so vorzüglichen Gegenstande ihrer Erhaltung gemacht habe. Denn eine Hälfte von uns, sprach sie, erhielt von ihr Flügel, daß, wenn wir hier unten auch alle von den Katzen ausgerottet würden, sie doch mit leichter Mühe aus den Fledermäusen unser ausgerottetes Geschlecht wiederherstellen könnte.

Die gute Maus wußte nicht, daß es auch geflügelte Katzen gibt. Und so beruhet unser Stolz meistens auf unsrer Unwissenheit!

24. Die Schwalbe

Glaubet mir, Freunde, die große Welt ist nicht für den Weisen, ist nicht für den Dichter! Man kennet da ihren wahren Wert nicht, und ach! sie sind oft schwach genug, ihn mit einem nichtigen zu vertauschen.

In den ersten Zeiten war die Schwalbe ein ebenso tonreicher, melodischer Vogel als die Nachtigall. Sie ward es aber bald müde, in den einsamen Büschen zu wohnen und da von niemand als dem fleißigen Landmanne und der unschuldigen Schäferin gehöret und bewundert zu werden. Sie verließ ihre demütigere Freundin und zog in die Stadt. – Was geschah? Weil man in der Stadt nicht Zeit hatte, ihr göttliches Lied zu hören, so verlernte sie es nach und nach und lernte dafür – bauen.

25. Der Adler

Man fragte den Adler. Warum erziehest du deine Jungen so hoch in der Luft?

Der Adler antwortete: Würden sie sich, erwachsen, so nahe zur Sonne wagen, wenn ich sie tief an der Erde erzöge?

26. Der junge und der alte Hirsch

Ein Hirsch, den die gütige Natur Jahrhunderte leben lassen, sagte einst zu einem seiner Enkel: Ich kann mich der Zeit noch sehr wohl erinnern, da der Mensch das donnernde Feuerrohr noch nicht erfunden hatte.

Welche glückliche Zeit muß das für unser Geschlecht gewesen sein! seufzete der Enkel.

Du schließest zu geschwind! sagte der alte Hirsch. Die Zeit war anders, aber nicht besser. Der Mensch hatte da anstatt des Feuerrohres Pfeile und Bogen, und wir waren ebenso schlimm daran als itzt.

27. Der Pfau und der Hahn

Einst sprach der Pfau zu der Henne: Sieh einmal, wie hochmütig und trotzig dein Hahn einhertritt! Und doch sagen die Menschen nicht: der stolze Hahn, sondern nur immer: der stolze Pfau.

Das macht, sagte die Henne, weil der Mensch einen gegründeten Stolz übersiehet. Der Hahn ist auf seine Wachsamkeit, auf seine Mannheit stolz, aber worauf du? – Auf Farben und Federn.

28. Der Hirsch

Die Natur hatte einen Hirsch von mehr als gewöhnlicher Größe gebildet, und an dem Halse hingen ihm lange Haare herab. Da dachte der Hirsch bei sich selbst: Du könntest dich ja wohl für ein Elend ansehen lassen. Und was tat der Eitele, ein Elend zu scheinen? Er hing den Kopf traurig zur Erde und stellte sich, sehr oft das böse Wesen zu haben.

So glaubt nicht selten ein witziger Geck, daß man ihn für keinen schönen Geist halten werde, wenn er nicht über Kopfweh und Hypochonder klage.

29. Der Adler und der Fuchs

Sei auf deinen Flug nicht so stolz! sagte der Fuchs zu dem Adler. Du steigst doch nur deswegen so hoch in die Luft, um dich desto weiter nach einem Aase umsehen zu können.

So kenne ich Männer, die tiefsinnige Weltweise geworden sind, nicht aus Liebe zur Wahrheit, sondern aus Begierde zu einem einträglichen Lehramte.

30. Der Schäfer und die Nachtigall

Du zürnest, Liebling der Musen, über die laute Menge des parnassischen Geschmeißes? – O höre von mir, was einst die Nachtigall hören mußte.

Singe doch, liebe Nachtigall! rief ein Schäfer der schweigenden Sängerin, an einem lieblichen Frühlingsabende zu.

Ach, sagte die Nachtigall, die Frösche machen sich so laut, daß ich alle Lust zum Singen verliere. Hörest du sie nicht?

Ich höre sie freilich, versetzte der Schäfer. Aber nur dein Schweigen ist schuld, daß ich sie höre.

Anhang

I. Fabeln in Prosa aus *Lessings Schriften* (1753), die nicht in die *Drei Bücher Fabeln* aufgenommen wurden
1. Der Riese

Ein rebellischer Riese schoß seinen vergifteten Pfeil über sich in den Himmel, niemand geringeren als einem Gott das Leben damit zu rauben. Der Pfeil floh in die unermessenste Ferne, in welcher ihm auch der schärfere Blick des Riesens nicht folgen konnte. Schon glaubte der Rasende sein Ziel getroffen zu haben und fing an, ein gotteslästerliches Triumphlied zu jauchzen. Endlich aber gebrach dem Pfeile die mitgeteilte Kraft der schnellenden Sehne; er fiel mit einer stets wachsenden Wucht wieder herab und tötete seinen frevelnden Schützen.

Unsinnige Spötter der Religion, eure Zungenpfeile fallen weit unter ihrem ewigen Throne wieder zurück, und eure eigne Lästerungen sind es, die sie an euch rächen werden.

2. Der Falke

Des einen Glück ist in der Welt des andern Unglück. Eine alte Wahrheit, wird man sagen. Die aber, antworte ich, wichtig genug ist, daß man sie mit einer neuen Fabel erläutert.

Ein blutgieriger Falke schoß einem unschuldigen Taubenpaare nach, die sein Anblick eben in den vertrautesten Kennzeichen der Liebe gestört hatte. Schon war er ihnen so nah, daß alle Rettung unmöglich schien, schon gurrten sieh die zärtlichen Freunde ihren Abschied zu. Doch schnell wirft der Falke einen Blick aus der Höhe und wird unter sich einen Hasen gewahr. Er vergaß die Tauben, stürzte sich herab und machte diesen zu seiner bessern Beute.

3. Damon und Theodor

Der schwarze Himmel drohte der Welt den fürchterlichsten Beschluß des schönsten Sommertages. Noch ruhten Damon und Theodor unter einer kühlenden Laube; zwei Freunde, die der Welt ein rares Beispiel würden gewesen sein, wenn sie die Welt zum Zeugen ihrer Freundschaft gebraucht hätten. Einer fand in des andern Umarmungen, was der Himmel nur die Tugendhaften finden läßt. Ihre Seelen vermischten sich durch die zärtlichsten Gespräche, in welchen sich Scherz und Ernst unzertrennlich verknüpften. Der Donner rollte stürmisch in der Luft und beugte die Knie heuchlerischer Knechte. Was aber hat die Tugend zu fürchten, wenn Gott den Lasterhaften drohet? Damon und Theodor blieben geruhig – – – Doch schnell stand in dem Damon ein fürchterlicher Gedanke auf: wie, wenn ein solcher Schlag mir meinen Freund von der Seite risse? – – So schnell als dieser Gedanke sein Herz mit Schrecken übergoß und die Heuterkeit aus seinen Blicken vertilgte, so schnell sah er ihn – – unerforschliches Schicksal! – – wahr gemacht. Theodor fiel tot zu seinen Füßen, und der Blitz kehrte triumphierend zurück. Rechte des Donnergottes, schrie Damon, wenn du auf mich gezielt hast, so hast du mich nur allzuwohl getroffen. Er zog sein Schwert aus und verschied auf seinem Freunde.

Zärtliche Seelen, werdet ihr dieser Geschichte eine heilige Träne zollen? Weinet, und empfindet in eurer lebhaften Vorstellung die Süßigkeit mit einem Freunde zu sterben.

II. Fabeln aus Lessings Nachlaß
1. Der Schäferstab

Schön war der Schäferstab des jungen Daphnis, von Zypressen war der schlanke Stab, der krönende Knopf Oleaster.

Und oh, was für Wunder hatte der aetolische Künstler um den Knopf geschnitzt; Daphnis gab ihm dafür drei Lämmer mit ihren saugenden Müttern, aber er war eine Herde, mehr als eine ganze Herde wert.

So wert hielt ihn auch Daphnis, werter wie seine zwei Augen, werter als Polyphem sein einziges Auge.

Lange Zeit schien ihm keine Hirtin so schön als sein Stab. Aber Amor erzürnte über den eiteln Jüngling – und Daphnis sahe die lächelnde Corysia.

Nun schien ihm eine Hirtin schöner als sein Stab! Er staunte, wünschte, gestand, flehte, weinte – blieb unerhört.

Unerhört bis an den dritten Abend. Da trieb Corysia spät bei ihm vorbei; die Dämmerung machte den Hirten kühner, die Hirtin gefälliger; er verdankte der Dämmerung zwei Küsse, halb geraubte, halb gegebene Küsse! – Oh, der Entzückung! oh, der tobenden Freude des Hirten!

O Zwillinge der honigsüßen Lippen meiner Corysia! o unvergeßliche Küsse! So rief Daphnis und wollte ihre Zahl mit zwei tiefen Kerben in die junge Linde schneiden, die er vor allen am heiligen Quell liebte.

Aber – fragte sich der Hirte – warum in die Linde? Kann ich immer unter der Linde liegen und die Kerbe im Auge haben? Da steht sie fest und eingewurzelt, bestimmt, nur einen kleinen Umfang zu beschließen. – Sie kann nicht mit mir wohnen.

Aber mein Stab kann mit mir gehn – Mein schöner Stab so schöner Zeichen nicht unwürdig!

Und er schnitt – grausamer Hirt! – zwei tiefe Kerbe in den Stab, in der Form von Lippen, nahe unter dem Knopfe, wo die Hand gewöhnlich lag, und küßte und drückte den Ort, als ob es die weiche

Hand der Corysia wäre, und faßte von nun an den Stab nirgends als über die Kerbe.

Nicht wenig günstig war dem Daphnis der folgende Tag, und der Stab bekam drei Lippen mehr, und den Morgen darauf sieben.

Wie freue ich mich, sprach er, dich bald vollendet zu sehen, bald voller kleiner Lippen. Corysia habe ich mit Untergang der Sonne in den Hain bestellt, die Nachtigall mit ihr zu hören – –

Das hast du getan Corysia? Zu gefällige Corysia! o brich dein Wort, wenn dir dein Schäfer lieb ist –

Umsonst, sie fanden sich im Haine! Und oh, der unzähligen Zahl von Küssen! Jeden Ton der Nachtigall begleitete ein Kuß. Mich jammert der Stab –

Gesättigt trennt sich mein Paar – – Morgen sind wir doch wieder hier? sagte das Mädchen – und der Hirte ging und warf sich auf sein Lager von Fellen – – Er schläft, er erwacht. – Und was wird das erste sein, als seinen Stab zu kerben? – – Doch er sahe die Unmöglichkeit, sie alle zu merken – und diese Unmöglichkeit, alle Küsse zu behalten, verwundete sie – Daphnis sprach kaltsinnig, schade, daß ich den schönen Stab so verdorben, ich will ihn nicht weiter verderben –

2. Der Naturalist

Ein Mann, der das Namenregister der Natur vollkommen inne-hatte, jede Pflanze und jedes dieser Pflanze eigenes Insekt zu nen-nen und auf mehr als eine Art zu nennen wußte, der den ganzen Tag Steine auflas, Schmetterlingen nachlief und seine Beute mit einer recht gelehrten Unempfindlichkeit spießte, so ein Mann, ein Naturalist – – (sie hören es gern, wenn man sie Naturforscher nennt) durchjagte den Wald und verweilte sich endlich bei einem Ameisehaufen. Er fing an darin zu wühlen, durchsuchte ihren ein-gesammelten Vorrat, betrachtete ihre Eier, deren er einige unter seine Mikroskope legte, und richtete, mit einem Worte, in diesem Staate der Emsigkeit und Vorsicht, keine geringe Verwüstung an.

Unterdessen wagte es eine Ameise, ihn anzureden. Bist du nicht etwa gar, sprach sie, einer von den Faulen, die Salomo zu uns schickt, daß sie unsre Weise sehen und von uns Fleiß und Arbeit lernen sollen?

Die alberne Ameise, einen Naturalisten für einen Faulen anzuse-hen.

3. Der Wolf und das Schaf

Der Durst trieb ein Schaf an den Fluß, eine gleiche Ursache führte auf der andern Seite einen Wolf herzu. Durch die Trennung des Wassers gesichert und durch die Sicherheit höhnisch gemacht, rief das Schaf dem Räuber hinüber: »Ich mache dir doch das Wasser nicht trübe, Herr Wolf? Sieh mich recht an, habe ich dir nicht etwa vor sechs Wochen nachgeschimpft? Wenigstens wird es mein Vater gewesen sein.« Der Wolf verstand die Spötterei; er betrachtete die Breite des Flusses und knirschte mit den Zähnen. Es ist dein Glück, antwortete er, daß wir Wölfe gewohnt sind, mit euch Schafen Geduld zu haben, und ging mit stolzen Schritten weiter.

4. [Der hungrige Fuchs]

Die Überschrift ist einer Übersetzung der entsprechenden aesopischen Fabel entnommen, die vielleicht von Lessing stammt.

»Ich bin zu einer unglücklichen Stunde geboren!«, so klagte ein junger Fuchs einem alten. »Fast keiner von meinen Anschlägen will mir gelingen.« – »Deine Anschläge«, sagte der ältere Fuchs, »werden ohne Zweifel danach sein. Laß doch hören; wann machst du deine Anschläge?« – »Wann ich sie mache? Wann anders, als wenn mich hungert.« – – »Wenn dich hungert?« fuhr der alte Fuchs fort. »Ja, da haben wir es! Hunger und Überlegung sind nie beisammen. Mache sie künftig, wenn du satt bist, und sie werden besser ausfallen.«

Prosa-Fabeln von Lessing

alphabetisch nach Titeln sortiert

Über tredition

Eigenes Buch veröffentlichen

tredition wurde 2006 in Hamburg gegründet und hat seither mehrere tausend Buchtitel veröffentlicht. Autoren veröffentlichen in wenigen leichten Schritten gedruckte Bücher, e-Books und audio-Books. tredition hat das Ziel, die beste und fairste Veröffentlichungsmöglichkeit für Autoren zu bieten.

tredition wurde mit der Erkenntnis gegründet, dass nur etwa jedes 200. bei Verlagen eingereichte Manuskript veröffentlicht wird. Dabei hat jedes Buch seinen Markt, also seine Leser. tredition sorgt dafür, dass für jedes Buch die Leserschaft auch erreicht wird.

Im einzigartigen Literatur-Netzwerk von tredition bieten zahlreiche Literatur-Partner (das sind Lektoren, Übersetzer, Hörbuchsprecher und Illustratoren) ihre Dienstleistung an, um Manuskripte zu verbessern oder die Vielfalt zu erhöhen. Autoren vereinbaren direkt mit den Literatur-Partnern die Konditionen ihrer Zusammenarbeit und partizipieren gemeinsam am Erfolg des Buches.

Das gesamte Verlagsprogramm von tredition ist bei allen stationären Buchhandlungen und Online-Buchhändlern wie z. B. Amazon erhältlich. e-Books stehen bei den führenden Online-Portalen (z. B. iBookstore von Apple oder Kindle von Amazon) zum Verkauf.

Einfach leicht ein Buch veröffentlichen: **www.tredition.de**

Eigene Buchreihe oder eigenen Verlag gründen

Seit 2009 bietet tredition sein Verlagskonzept auch als sogenanntes "White-Label" an. Das bedeutet, dass andere Unternehmen, Institutionen und Personen risikofrei und unkompliziert selbst zum Herausgeber von Büchern und Buchreihen unter eigener Marke werden können. tredition übernimmt dabei das komplette Herstellungs- und Distributionsrisiko.

Zahlreiche Zeitschriften-, Zeitungs- und Buchverlage, Universitäten, Forschungseinrichtungen u.v.m. nutzen diese Dienstleistung von tredition, um unter eigener Marke ohne Risiko Bücher zu verlegen.

Alle Informationen im Internet: **www.tredition.de/fuer-verlage**

tredition wurde mit mehreren Innovationspreisen ausgezeichnet, u. a. mit dem Webfuture Award und dem Innovationspreis der Buch Digitale.

tredition ist Mitglied im Börsenverein des Deutschen Buchhandels.

Dieses Werk elektronisch lesen

Dieses Werk ist Teil der Gutenberg-DE Edition DVD. Diese enthält das komplette Archiv des Projekt Gutenberg-DE. Die DVD ist im Internet erhältlich auf **http://gutenbergshop.abc.de**

Zeitfracht Medien GmbH
Ferdinand-Jühlke-Straße 7
99095 Erfurt, Deutschland
produktsicherheit@kolibri360.de